AF203093

**Berufsfeld Bau**

# Einstieg Beruf

## Erste Schritte in die deutsche Sprache

### Übungsheft

Ruth Albert

Susanne Krauß

Judith Reisewitz

Frauke Teepker

Franziska van Elten

Ernst Klett Sprachen

Stuttgart

 Bundesministerium
für Bildung
und Forschung

Das dieser Veröffentlichung zugrunde
liegende Forschungsprojekt Alphamar2
wurde mit Mitteln des Bundesministeriums
für Bildung und Forschung unter dem
Förderkennzeichen 01AB12026 gefördert.
Die Verantwortung für den Inhalt der Veröffentlichung liegt bei den
Autorinnen.

Wir danken dem Verein „Arbeit und Bildung", der VHS Marburg, der VHS
Frankfurt sowie den Kursleiterinnen und Kursleitern der Erprobungs-
kurse für ihre Unterstützung bei der Erprobung und Inna Gushchina für
ihre Unterstützung bei der ersten Planung dieser Materialien. Außerdem
möchten wir Maren Beneke und Olga Nikoliai ganz herzlich für ihren
unermüdlichen Einsatz und ihre Hilfe beim Erstellen der Materialien
danken.

1. Auflage    8  |  2026

Alle Drucke dieser Auflage sind unverändert und können im Unterricht
nebeneinander benutzt werden. Die letzte Zahl bezeichnet das Jahr des Druckes.
Das Werk und seine Teile sind urheberrechtlich geschützt. Jede Nutzung
in anderen als den gesetzlich zugelassenen Fällen bedarf der vorherigen
schriftlichen Einwilligung des Verlags.

© Ernst Klett Sprachen GmbH, Rotebühlstraße 77, Stuttgart 2016.
Alle Rechte vorbehalten. Die Nutzung der Inhalte für Text- und Data-Mining
ist ausdrücklich vorbehalten und daher untersagt.
www.klett-sprachen.de

Autorinnen: Ruth Albert, Susanne Krauß, Judith Reisewitz, Frauke Teepker,
Franziska van Elten
Redaktion: Coleen Clement, Berlin; Ondrej Kotas, Berlin
Herstellung: Alexandra Veigel
Gestaltung und Satz: Regina Krawatzki, Stuttgart
Umschlaggestaltung: Sabine Kaufmann, Stuttgart
Reproduktion: Meyle + Müller GmbH + Co. KG, Pforzheim
Druck und Bindung: Elanders Waiblingen GmbH, Waiblingen

Printed in Germany
978-3-12-676167-3

Die Symbole bedeuten:

&#x2668;&#x2668; Sie arbeiten zu zweit.    &#x1F4D6; Sie schreiben ins Heft.

&#x2668;&#x2668;&#x2668; Sie arbeiten in der Gruppe.    &#x1F4D1; Sie bearbeiten Wörter im Glossar.

# 1 Auf der Baustelle:

## Arbeitskleidung, Baufahrzeuge und Maschinen

**1** Was tragen die Personen? Sehen Sie das Bild an und kreuzen Sie an.

☐ Arbeitshosen  ☐ Warnwesten  ☐ Arbeitshandschuhe

☐ Schutzhelme  ☐ Schutzbrillen  ☐ Staubmasken

**2** Was ist das? Schreiben Sie die Zahlen.

1. die Arbeitshose
2. die Warnweste
3. der Arbeitshandschuh
4. der Schutzhelm
5. die Schutzbrille
6. die Staubmaske
7. der Gehörschutz

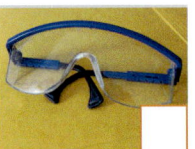

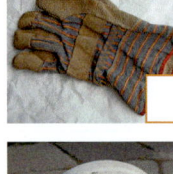
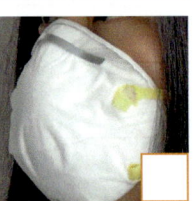

**3** Was ist das? Zeigen Sie auf ein Bild in Übung 2. Ihr Partner / Ihre Partnerin sagt das Wort.

**4** **Wer ist das? Was ist er von Beruf? Lesen Sie und markieren Sie.**

Hallo, ich bin Paul.
Ich bin Bauhelfer. Ich helfe meinen
Kollegen. Sie sind Handwerker.

**5** **Was sagt Paul noch? Lesen Sie.**

Ich arbeite auf der Baustelle.

Ich trage immer einen Schutzhelm,
eine Arbeitshose, Arbeitshandschuhe
und Arbeitsschuhe.

Ich habe auch eine Warnweste, eine
Schutzbrille, einen Gehörschutz und
eine Staubmaske.

**6** **Was ist richtig? Kreuzen Sie an.**

1. Paul arbeitet auf der Baustelle. ☐
2. Paul trägt immer einen Schutzhelm. ☐
3. Er trägt immer eine Warnweste. ☐
4. Er hat eine Staubmaske. ☐

**7** Ergänzen Sie *arbeiten* in der richtigen Form.

| | | |
|---|---|---|
| ich | | |
| du | arbeit | **est** |
| er / sie | | |
| wir | arbeit | **en** |
| ihr | arbeit | **et** |
| sie / Sie | arbeit | **en** |

**8** Wo und wie arbeiten die Personen? Ergänzen Sie *arbeiten* in der richtigen Form.

Ich [ ][ ] auf der Baustelle.

Du [ ][ ] auf dem Gerüst.

Der Kollege [ arbeit ][ et ] mit einer Warnweste.

Wir [ ][ ] zusammen.

Ihr [ ][ ] gut.

Die Männer [ ][ ] mit Schutzhelmen.

**9  Wiederholen Sie: Schreiben Sie die Wörter.**

 Schutzhelm _____

 Warnweste _____

 Arbeitsschuh _____

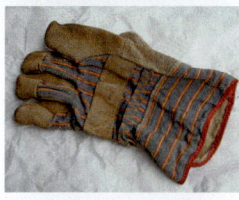 Arbeitshandschuh _____

 Gehörschutz _____

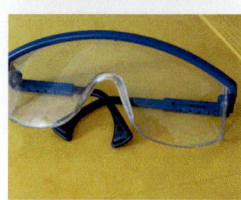 Schutzbrille _____

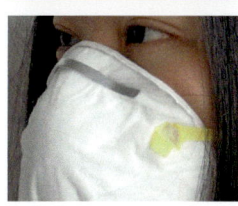 Staubmaske _____

 **10  Wie sind die Artikel? Machen Sie eine Liste.**

| der | die |
| --- | --- |
| Schutzhelm | |

**11  Kennen Sie die Wörter? Schreiben Sie die Zahlen.**

[3] der Rohbau   ☐ die Ziegelsteine   ☐ das Baugerüst

☐ die Schubkarre   ☐ die Warnweste   ☐ der Schutzhelm   ☐ der Bagger

**12  Zeigen Sie auf ein Objekt. Ihr Partner / Ihre Partnerin sagt das Wort.**

**13  Setzen Sie die Wörter zusammen.**

arbeiter   1. Bauarbeiter _____

stelle   2. _____

Bau   gerüst   3. _____

fahrzeug   4. _____

helfer   5. _____

**14** Was ist was? Schreiben Sie.

1. die Betonpumpe  2. das Betonmischfahrzeug  3. der LKW  4. der Anhänger
5. der Radlader  6. der Bagger  7. der Kran  8. der Betonkübel

**15** Beschreiben Sie ein Wort von oben. Die anderen raten.

Damit transportiert man Beton.

Es hängt an einem Auto.

Damit hebt man etwas.

...

**16** Wie sind die Silben? Klatschen Sie die Wörter und schreiben Sie in zwei Farben.

1. Bauarbeiter     Bauarbeiter _____

2. Baustelle     _____

3. Baugerüst     _____

4. Baufahrzeug     _____

5. Bauhelfer     _____

**17** Silbensalat: Wie heißen die Wörter richtig? Schreiben Sie.

1. schutz Ge hör     _____

2. wes Warn te     _____

3. mas ke Staub     _____

4. kü ton Be bel     _____

5. Zie stei gel ne     _____

**18** Welche Wörter finden Sie? Markieren Sie und schreiben Sie.

| T | S | c | h | u | b | k | a | r | r | e |
|---|---|---|---|---|---|---|---|---|---|---|
| L | v | a | m | B | a | g | g | e | r | k |
| A | R | a | d | l | a | d | e | r | t | a |
| b | a | f | e | n | L | K | W | a | l | c |
| B | a | L | K | r | a | n | n | o | l | h |
| A | n | h | ä | n | g | e | r | p | e | l |
| K | B | e | t | o | n | p | u | m | p | e |

1. Schubkarre _____

2. _____

3. _____

4. _____

5. _____

6. _____

7. _____

**19**  Welche Wörter passen? Schreiben Sie und vergleichen Sie.

der Schutzhelm

Arbeitskleidung

**20**  Wer oder was ist das? Lesen Sie vor. Ihr Partner / Ihre Partnerin sagt das Wort.

1. Es ist ein Beruf. Man arbeitet auf der Baustelle.
2. Es ist Arbeitskleidung. Es ist für den Kopf.
3. Es ist Arbeitskleidung. Es ist für die Füße.
4. Es ist ein Fahrzeug. Es ist groß. Damit transportiert man etwas.
5. Es ist ein Baufahrzeug. Es hat eine große Schaufel.
6. Es ist ein Ort. Der Bauhelfer arbeitet da.

**21**  Beschreiben Sie ein Wort aus der Lektion. Die anderen raten.

Es ist ...

**22**  Welche Wörter können Sie gut? Haken Sie die Wörter im Glossar ab. ✓

# Auf der Baustelle:

## Tätigkeiten und Berufe

**1** **Was machen die Personen? Ordnen Sie die Bilder zu.**

| 5 | aufräumen | ☐ | bohren | ☐ | schieben |
| ☐ | schaufeln | ☐ | kehren | ☐ | tragen |

1

2

3

4

5

6

**2** **Was passt zusammen? Verbinden Sie.**

1. mit dem Besen              aufräumen
2. die Schubkarre             kehren
3. Sand                           schaufeln
4. die Baustelle                tragen
5. mit der Bohrmaschine ein Loch    schieben
6. eine Leiter                  bohren

**3** **Zeigen Sie auf ein Bild in Übung 1 und fragen Sie. Ihr Partner / Ihre Partnerin antwortet.**

> Was macht er?

> Er bohrt.

**4 Was ist das? Schreiben Sie die fehlenden Buchstaben.**

1. _____ubkarre

2. Zie__elstein

3. Be__en

4. Bohrmaschin__

5. Sch____fel

6. L____ter

**5 Wie sind die Artikel und Pluralformen? Machen Sie zwei Listen.**

| der | die | | die | die |
|-----|-----|---|-----|-----|
| Ziegelstein | Ziegelsteine | | Schubkarre | Schubkarren |

**6 Was sagt Paul? Lesen Sie den Text.**

Auf der Baustelle helfe ich und räume auf.
Ich hole Sand und Steine mit der Schubkarre.
Ich kehre den Boden mit dem Besen.

**7 Was ist richtig? Kreuzen Sie an.**

1. Ich räume auf. ☐
2. Ich hole Sand und Steine mit dem Bagger. ☐
3. Ich schaufele Sand. ☐
4. Ich kehre mit dem Besen. ☐

**8** Ergänzen Sie die Formen von *bohren* und *kehren*.

| | | | |
|---|---|---|---|
| ich | | | ~~bohrt~~ |
| du | | | bohr**en** |
| er / sie | bohr | t | bohr**st** |
| wir | | | bohr**en** |
| ihr | | | bohr**e** |
| sie / Sie | | | bohr**t** |

| | | | |
|---|---|---|---|
| ich | | | ~~kehrst~~ |
| du | kehr | st | kehr**en** |
| er / sie | | | kehr**t** |
| wir | | | kehr**en** |
| ihr | | | kehr**e** |
| sie / Sie | | | kehr**t** |

**9** Schreiben Sie Sätze mit den Verben aus Übung 8.

ein Loch    den Boden    mit der Bohrmaschine    den Sand weg
Löcher in die Wand    mit dem Besen    ...

**10** Was machen Pauls Kollegen? Lesen Sie den Text.

Wir machen jetzt eine Pause.
Aber später flexen, schweißen und
spachteln wir.
Wir müssen auch noch Material holen
und Steine schneiden.

**11** Was machen die Personen? Schreiben Sie unter die Bilder.

2. ~~Material holen~~  1. flexen  3. spachteln  4. schweißen

6. schaufeln  5. schneiden  7. hämmern  9. messen  8. schrauben

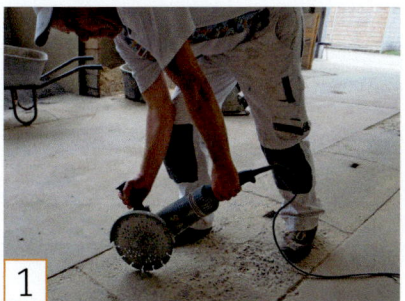

1

2

Material holen

3

4

5

6

7

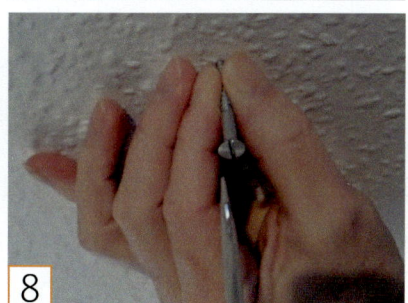

8

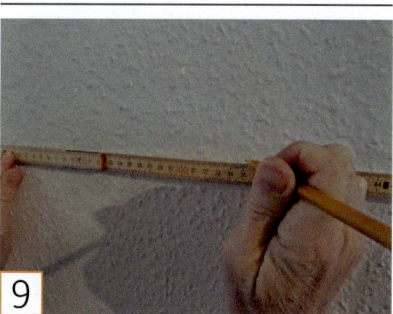

9

**12** Wer macht was? Zeigen Sie auf ein Bild in Übung 11 und fragen Sie.
Ihr Partner / Ihre Partnerin antwortet.

Was macht der Mann?

Er flext.

**13** Wer arbeitet noch auf der Baustelle? Ordnen Sie die Bilder zu.

☐ der Elektriker    ☐ der Fliesenleger    ☐ der Maurer
☐ der Gipser        ☐ der Maler           ☐ der Dachdecker

1

2

3

4

5

6

**14** Wer macht was? Sprechen Sie.

… baut Mauern oder Wände für den Rohbau.
… deckt das Dach.
… streicht und lackiert Wände, Decken und Holzteile.
… installiert z.B. die Elektrokabel, die Schalter und die Steckdosen.
… verputzt: Er macht Wände und Decken glatt.
… klebt Fliesen an Wände und Fußböden.

**15** Wer bin ich? Spielen Sie einen Beruf pantomimisch vor. Die anderen raten.

Du streichst eine Wand.
Du bist Maler.

**16** Welche Berufe finden Sie interessant? Erzählen Sie.

> Ich finde Maurer gut.
> Mein Onkel …

> Ich möchte später gern als
> Dachdecker arbeiten. Man …

> Ich habe als Gipser
> gearbeitet. Das …

> Wände streichen macht
> Spaß. Ich finde Maler gut!

**17** Zu welcher Gruppe gehören die Wörter? Ergänzen Sie die Tabelle.

der Maurer   bohren   hämmern   holen   der Fliesenleger
die Bohrmaschine   der Besen   streichen   installieren
der Gipser   die Steckdose   schweißen   das Kabel   bauen

| Nomen ▲▲ | Verben ● |
|---|---|
| der Maurer | bohren |
| | |
| | |
| | |
| | |
| | |
| | |

# Wiederholen Sie

**18** Welche Tätigkeiten finden Sie? Markieren Sie und schreiben Sie.

| f | i | l | a | c | k | i | e | r | e | n |
|---|---|---|---|---|---|---|---|---|---|---|
| s | c | h | r | a | u | b | e | n | e | i |
| s | g | l | m | e | s | s | e | n | z | a |
| l | v | e | r | p | u | t | z | e | n | h |
| n | z | e | m | f | l | e | x | e | n | e |
| n | z | k | l | e | b | e | n | b | e | x |
| m | s | c | h | a | u | f | e | l | n | e |

1. _lackieren_

2. _____

3. _____

4. _____

5. _____

6. _____

7. _____

**19** Welche Bilder passen zu Übung 18? Kreuzen Sie an.

   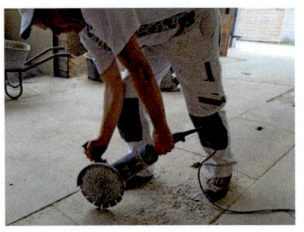

☐     ☐     ☐     ☐

**20** Zeigen Sie eine Tätigkeit. Ihr Partner / Ihre Partnerin sagt das Wort.

> Du hämmerst.
> Ist das richtig?

> Ja, das ist richtig. /
> Nein, das ist falsch.

**21** Üben Sie die Verben. Sprechen Sie reihum.

1. ich schaufele – du schaufelst – er / sie schaufelt – wir ... – ihr ... – sie ...

2. ich messe – du misst – er / sie misst – wir ...

3. ich schraube – du ... – er / sie ...

4. ...

**22** Welche Wörter passen? Schreiben Sie und vergleichen Sie.

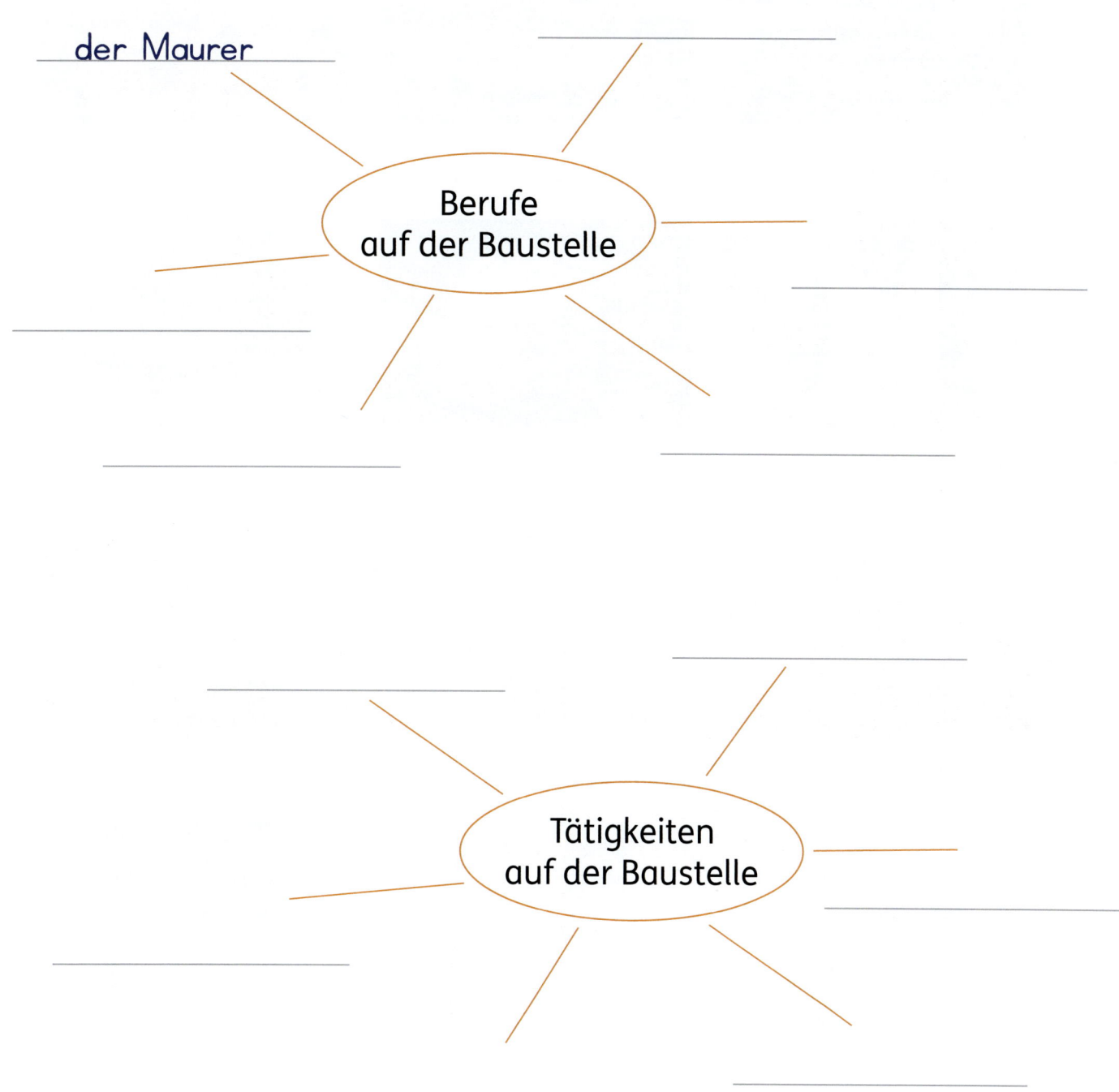

der Maurer

Berufe
auf der Baustelle

Tätigkeiten
auf der Baustelle

**23** Welche Wörter können Sie gut? Haken Sie die Wörter im Glossar ab. ✓

die Baustelle

  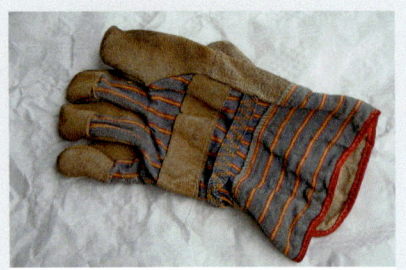

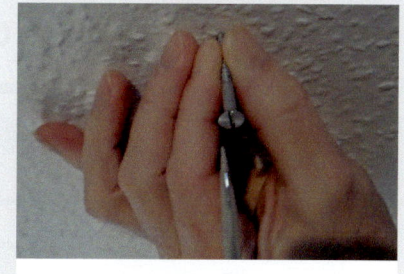

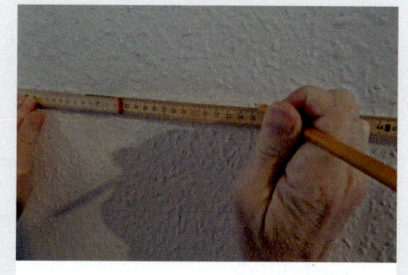

## Gegenstände, Geräte und Material

**1** **Was sehen Sie auf dem Bild? Welche Wörter kennen Sie?**

**2** **Was sagt Paul? Lesen Sie den Text.**

> Ein Maurer benutzt viele Geräte und Gegenstände.
> Als Bauhelfer muss ich wissen: Was macht ein Maurer?
> Was braucht er? Wann braucht er was?

**3** **Was macht ein Maurer? Ordnen Sie die Sätze zu.**

1. Ein Ziegelstein sitzt nicht richtig. Der Maurer hämmert und macht die Mauer gerade.

2. Ein Maurer nimmt Mörtel mit der Kelle. Der Mörtel kommt auf die Ziegelsteine.

3. Er kontrolliert mit der Wasserwaage. Sitzen die Ziegelsteine richtig?

4. Der Maurer legt die Ziegelsteine nebeneinander und aufeinander.

## 4 Was braucht ein Maurer? Schreiben Sie unter die Bilder.

3. die Ziegelsteine   4. der Betonmischer   1. das Baugerüst   6. die Schaufel
2. der Sand   5. der Eimer   7. der Winkel   8. die Kelle   10. die Glättscheibe
12. die Wasserwaage   9. der Spachtel   11. der Zollstock

1

2

3

4

5

6

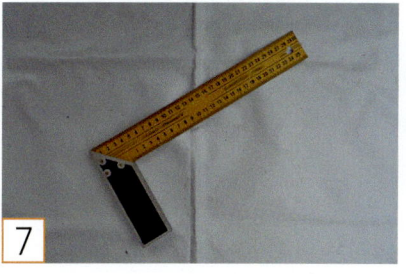
7

8

9

10

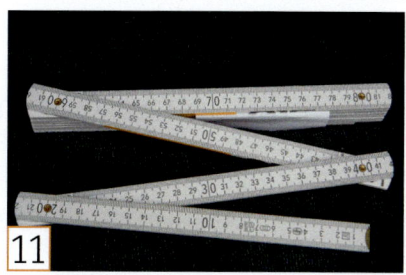
11

12

## 5 Was ist das? Zeigen Sie auf ein Bild in Übung 4. Ihr Partner / Ihre Partnerin sagt das Wort.

**6** Ergänzen Sie *holen* in der richtigen Form.

| | | | |
|---|---|---|---|
| Ich | | die Glättscheibe. | ~~holt~~ |
| Du | | den Spachtel. | hol**en** |
| Paul | hol \| t | eine Wasserwaage. | hol**t** |
| Wir | | den Sand. | hol**st** |
| Ihr | | Zement. | hol**en** |
| Paul und Hasim | | Steine. | hol**e** |

**7** Die Kollegen bauen eine Mauer. Paul und sein neuer Kollege Hasim helfen. Lesen Sie die Dialoge und kreuzen Sie die richtige Antwort an.

**a**

**Der Maurer braucht Steine**

Paul: Hasim, hol bitte Steine.
Hasim: Okay, das mache ich. Wie viele Steine soll ich holen?
Paul: Eine Schubkarre voll.

Hasim holt ☐ Steine.  ☐ Sand.

**b**

**Hasim und Paul machen Mörtel**

Hasim: Was soll ich tun?
Paul: Nimm die Schaufel und füll den Mischer mit Sand.
Hasim: Ist es so richtig?
Paul: Ja. Ich gebe Zement und Wasser dazu. Jetzt mischt der Mischer. Wir machen Mörtel.

Mörtel ist aus ☐ Holz, Wasser und Beton.  ☐ Sand, Wasser und Zement.

## Sie bringen den Mörtel zu den Maurern

Hasim: Und nun?
Paul:     Jetzt füllen wir den Mörtel in Eimer. Wir bringen sie den Maurern.
Hasim: Wo stehen die Eimer?
Paul:     Dort drüben. Beeil dich!

Hasim und Paul füllen ☐ Wasser  ☐ Mörtel   in Eimer.
Hasim und Paul arbeiten ☐ schnell.  ☐ langsam.

## d

## Hasim fragt nach

Hasim: Warum arbeiten wir so schnell?
Paul:     Damit der Mörtel nicht trocknet. Nur wenn der Mörtel feucht ist,
          können die Steine auch halten.

Der Mörtel muss ☐ trocken  ☐ feucht   sein.

**8**  **Lesen Sie jetzt den Text. Sprechen Sie danach über die Arbeitsschritte.**

Heute bauen die Kollegen eine Mauer.
Hasim und Paul helfen dabei.
Zuerst holt Paul Steine.
Dann mischen Hasim und Paul Mörtel.
Hasim füllt den Mischer mit Sand.
Paul gibt Wasser und Zement dazu.
Sie füllen den Mörtel in Eimer.
Sie bringen die Eimer zu den Maurern.
Sie beeilen sich. Nur wenn der Mörtel
feucht ist, halten die Steine.

**9** Analysieren Sie die Sätze. Malen Sie wie im Beispiel.

| 1 | 2 | 3 |
|---|---|---|
| ▲ | ● | ▲ ▲ |
| Hasim | holt | eine Schaufel. |

| | | |
|---|---|---|
| | | |
| Hasim | nimmt | einen Eimer. |

| | | |
|---|---|---|
| | | |
| Paul | bringt | Steine. |

**10** Analysieren Sie die Sätze. Malen Sie wie im Beispiel.

| 1 | 2 |
|---|---|
| ● | ▲ ▲ |
| Hol | die Schaufel! |

Hasim, beeil dich!

| | |
|---|---|
| | |
| Nimm | den Eimer! |

| | |
|---|---|
| | |
| Bring | Steine! |

**11** Was ist anders? Vergleichen Sie die Sätze in Übung 9 und 10.

**12 Was passt? Ordnen Sie zu und verbinden Sie.**

1. Hol          die Eimer zu den Maurern.
2. Beeil        den Zement.
3. Füll          dich.
4. Bring       Sand in den Mischer.

**13 Bitten Sie Ihren Partner / Ihre Partnerin. Er / Sie reagiert.**

Hol bitte die Wasserwaage!

Okay, das mache ich.

Ja, sofort!

Gut, kein Problem.

**14 Was macht man mit diesen Gegenständen? Ordnen Sie die Bilder zu.**

1 der Kantensteinheber

2 der Handhobel

3 die Steinsäge

4 die Sackkarre

☐ Damit hebt und transportiert man schwere Steine.

☐ Damit transportiert man Kartons, Säcke mit Zement und schweres Material.

☐ Damit schneidet man Steine.

☐ Damit hobelt man: Man macht Holz glatt.

**15** Was fragt Hasim? Sehen Sie die Dialoge in Übung 7 an und markieren Sie die Fragen.

**16** Welche Antworten passen? Verbinden Sie und lesen Sie dann laut.

1. Wie viele Steine soll ich holen?          Ja.
2. Was soll ich tun?          Die Eimer stehen dort drüben.
3. Ist es so richtig?          Nimm die Schaufel.
4. Und nun?          Eine Schubkarre voll.
5. Wo stehen die Eimer?          Damit der Mörtel nicht trocknet.
6. Warum arbeiten wir so schnell?          Jetzt füllen wir Mörtel in die Eimer.

**17** Welches Material finden Sie? Markieren Sie und schreiben Sie.

| f | i | Z | o | S | a | n | d | o | c | k |
|---|---|---|---|---|---|---|---|---|---|---|
| Z | i | e | g | e | l | s | t | e | i | n |
| s | G | l | M | ö | r | t | e | l | z | a |
| L | e | H | o | l | z | k | a | l | r | e |
| n | Z | e | m | e | n | t | S | a | n | t |
| M | a | r | b | u | B | e | t | o | n | E |

1. _____
2. _____
3. _____
4. _____
5. _____
6. _____

**18** Beschreiben Sie ein Wort aus der Lektion. Die anderen raten.

Damit schaufelt man Sand.

Sie sind schwer. Mit ihnen baut man eine Mauer.

Es ist aus Sand, Wasser und Zement.

Damit kann man etwas messen.

**19** Was macht ein Maurer? Wie hilft der Bauhelfer? Schreiben Sie und sprechen Sie.

1. Mauer    2. Ziegelsteine    3. Wasserwaage, Glättscheibe, Kelle
4. Sand, Wasser, Zement    5. Mörtel

1. Der Maurer baut eine _____.
2. Der Bauhelfer bringt _____.
3. Der Bauhelfer holt die _____, die _____
   und die _____.
4. Der Bauhelfer mischt _____, _____
   und _____.
5. Der Bauhelfer macht _____.

> Was baut der Maurer?

> Er baut eine Mauer.

> Was bringt der Bauhelfer?

> Er …

**20** Welche Wörter passen? Schreiben Sie und vergleichen Sie.

die Wasserwaage

Gegenstände und Geräte

**21** Welche Wörter können Sie gut? Haken Sie die Wörter im Glossar ab. ✓

## Werkzeug

**1** **Was sagt Paul? Lesen Sie den Text.**

> Wir brauchen hier auf der Baustelle viel Werkzeug. Das ist mein Werkzeugkasten.

**2** **Was finden Sie im Werkzeugkasten? Schreiben Sie unter die Bilder.**

4. das Cuttermesser     5. der Schraubendreher     3. der Seitenschneider
6. der Spannungsprüfer     2. die Zange     1. der Hammer

1

2

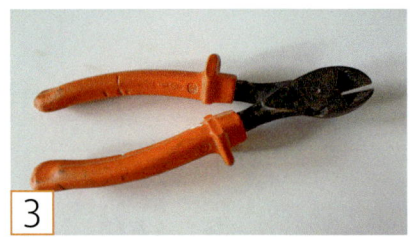
3

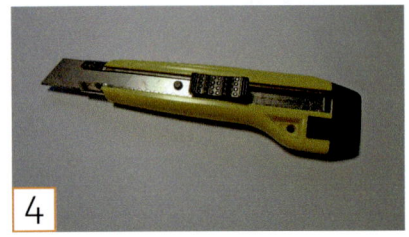
4

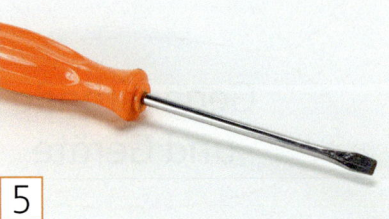
5

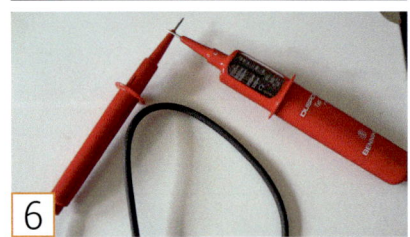
6

**3** **Was macht man mit den Werkzeugen aus Übung 2? Sprechen Sie.**

> Damit schneidet man etwas.

> Damit öffnet man ein Paket.

> Damit hämmert man.

> ...

**4 Paul und Hasim arbeiten. Welches Werkzeug brauchen sie? Suchen Sie das richtige Wort in Übung 2.**

1. Paul: Wir müssen dem Zimmermann die Schrauben und Muttern bringen.
   Hasim: Ja, und wir bringen auch den _____.
   Oder besser den Akkuschrauber?

2. Hasim: Jetzt müssen wir Nägel in das Holz schlagen.
   Paul: Gut, ich hole den _____.

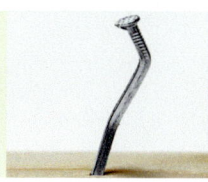

3. Paul: Ein Nagel ist kaputt. Wir müssen den Nagel ziehen.
   Hasim: Kein Problem, wir nehmen die _____.

**5 Es gibt spitze und flache Werkzeuge. Was ist spitz, was ist flach? Schreiben Sie.**

1

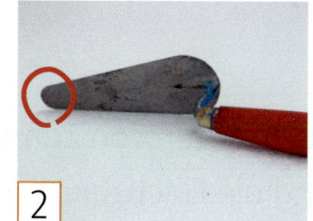

2

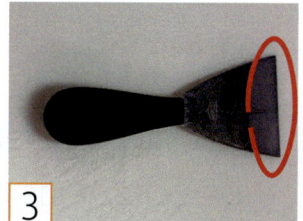

3

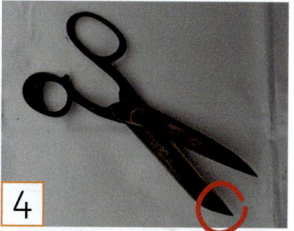

4

spitz_____  flach_____  _____  _____

5

6

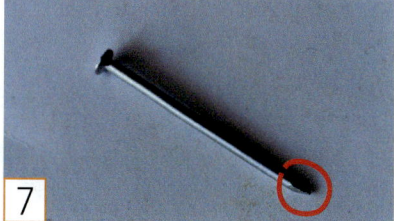

7

_____  _____  _____

**6 Zeigen Sie auf ein Bild in Übung 5 und fragen Sie. Ihr Partner / Ihre Partnerin antwortet.**

Wie ist dieses Werkzeug?

Das Werkzeug ist flach.

**7** **Wie heißen die Zangen? Ordnen Sie zu.**

die Flachzange   die Spitzzange   die Kombizange   die Kneifzange

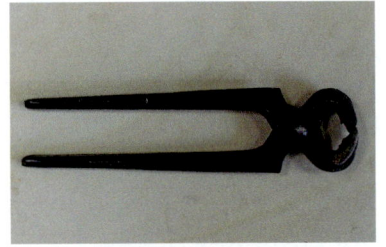

_____

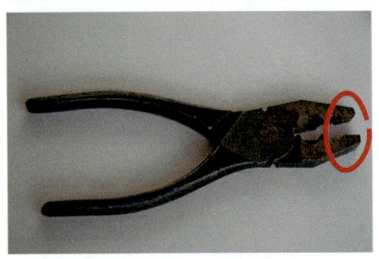

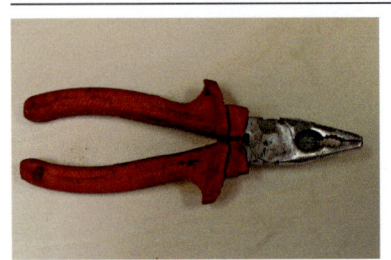

_____                           _____

**8** **Was sagt Paul? Lesen Sie den Text.**

> Es gibt verschiedene Arten von Zangen: Es gibt die Spitzzange und die Flachzange. Es gibt aber auch die Kneifzange, die Rohrzange und die Kombizange.
> Und es gibt viele Hämmer: Den Maurerhammer, den Bohrhammer, den Beilhammer – und noch mehr!

**9** **Was ist richtig? Kreuzen Sie an.**

1. Es gibt viele Zangen. ☐
2. Es gibt eine Rohrzange. ☐
3. Es gibt nur einen Hammer. ☐
4. Es gibt keinen Bohrhammer. ☐

**10 Wofür sind die Zangen? Verbinden Sie.**

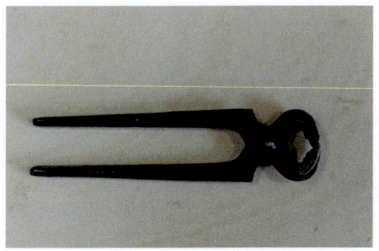

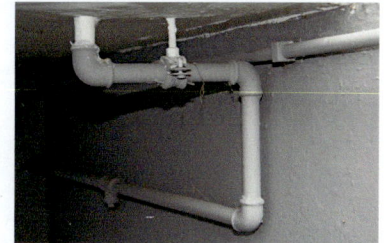

1. die Kneifzange ————⟍                                das Rohr

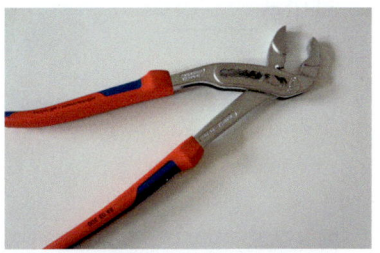

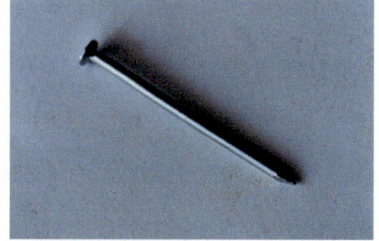

2. die Rohrzange                                         der Nagel

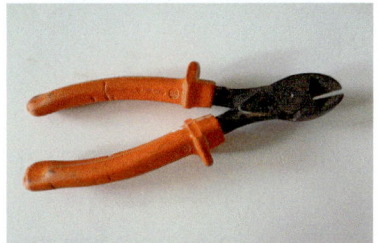

3. der Seitenschneider                                  der Draht

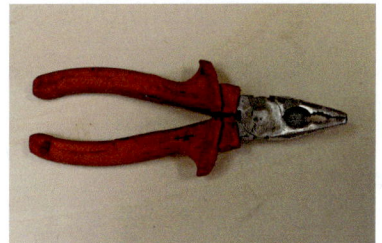

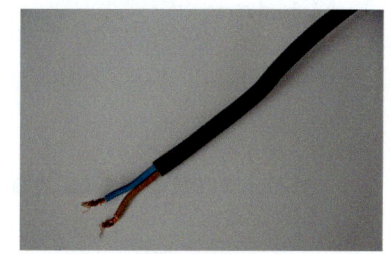

4. die Kombizange                                       das Stromkabel

**11 Was macht man mit den Zangen? Ergänzen Sie.**

1. Mit der _____ arbeitet man an Rohren.
2. Mit der _____ kann man einen Nagel ziehen.
3. Mit dem _____ kann man Draht, einen Nagel oder ein Stromkabel durchschneiden.
4. Mit der _____ kann man Draht schneiden oder einen Nagel ziehen.

**12** **Welcher Satz passt? Ordnen Sie zu.**

 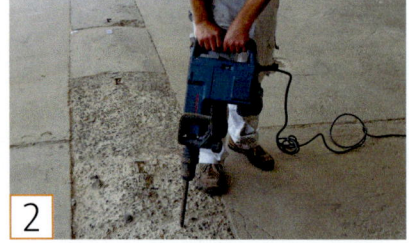 

1. Der Maurer baut eine Mauer.             Bild \_\_\_\_\_

2. Der Zimmermann schlägt einen Nagel in das Holz.    Bild \_\_\_\_\_

3. Der Bauarbeiter bohrt ein Loch in die Straße.      Bild \_\_\_\_\_

**13** **Welcher Hammer passt? Schreiben Sie.**

der Zimmermanns-hammer         der Bohrhammer         der Maurerhammer

1. Der Zimmermann arbeitet mit dem _____ .

2. Der Maurer arbeitet mit dem _____ .

3. Mit dem _____ bohrt man Löcher in Stein oder Beton.

**14** **Markieren Sie das Wort *Hammer* in den Wörtern in Übung 13.**

**15** **Silbensalat: Finden Sie noch mehr Hämmer? Schreiben Sie.**

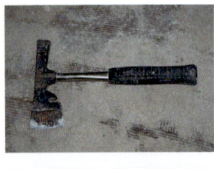      ham  Beil  mer        

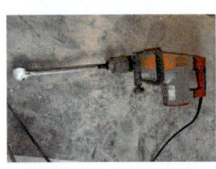      mer  ham  Stemm         _____

      schlag  mer  Vor  ham      _____

## 16 Wie sind die Werkzeuge? Sprechen Sie.

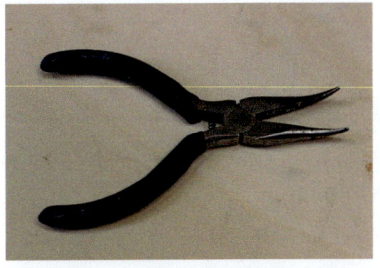
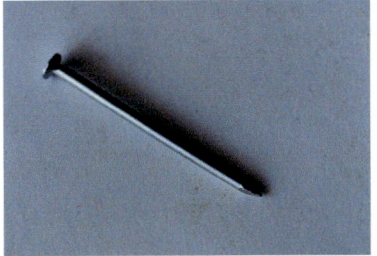

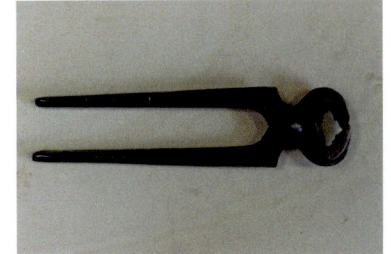

Klein oder groß?
Leicht oder schwer?
Kurz oder lang?
Spitz oder flach?
Leise oder laut?
Praktisch? Elektrisch? Kompliziert? …

Der Bohrhammer ist groß und sehr schwer.

Ja, und auch sehr laut.
Die Schere ist …

…

# Wiederholen Sie

**17** **Was ist das? Ordnen Sie zu.**

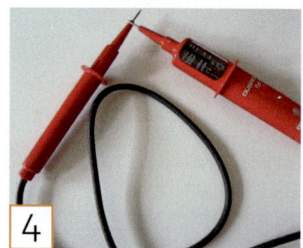

1   2   3   4

1. der Spannungsprüfer:    Bild _____
2. die Steckdose:    Bild _____
3. das Stromkabel:    Bild _____
4. die Kabeltrommel:    Bild _____

**18** **Sehen Sie die Bilder in Übung 17 noch einmal an. Welcher Beruf passt?**

**19** **Welche Wörter finden Sie? Markieren Sie und schreiben Sie.**

| k | e | S | c | h | r | a | u | b | e |
|---|---|---|---|---|---|---|---|---|---|
| M | M | a | N | a | g | e | l | a | m |
| m | e | S | t | D | r | a | h | t | h |
| S | t | r | o | m | k | a | b | e | l |
| g | a | n | R | o | h | r | a | n | t |
| S | t | e | c | k | d | o | s | e | r |

1. _____
2. _____
3. _____
4. _____
5. _____
6. _____

**20** **Beschreiben Sie ein Wort aus der Lektion. Ihr Partner / Ihre Partnerin sagt das Wort.**

> Es ist ein Hammer. Damit arbeitet der Maurer.

> Ist das der Maurerhammer?

> Ja, das ist richtig. / Nein, das ist falsch.

> Es ist ein Werkzeug. Damit schraubt man.

> ...

**21** Welche Zangen und Hämmer kennen Sie jetzt? Setzen Sie die Wörter zusammen und schreiben Sie.

1. Spitz
2. Flach
3. Kombi
4. Rohr
5. Kneif

→ zange

1. Bohr
2. Maurer
3. Stemm
4. Vorschlag
5. Beil
6. Zimmermanns

→ hammer

1. die Spitzzange
2. ...

1. der Bohrhammer
2. ...

**22** Welche Werkzeuge kennen Sie noch? Schreiben Sie und vergleichen Sie.

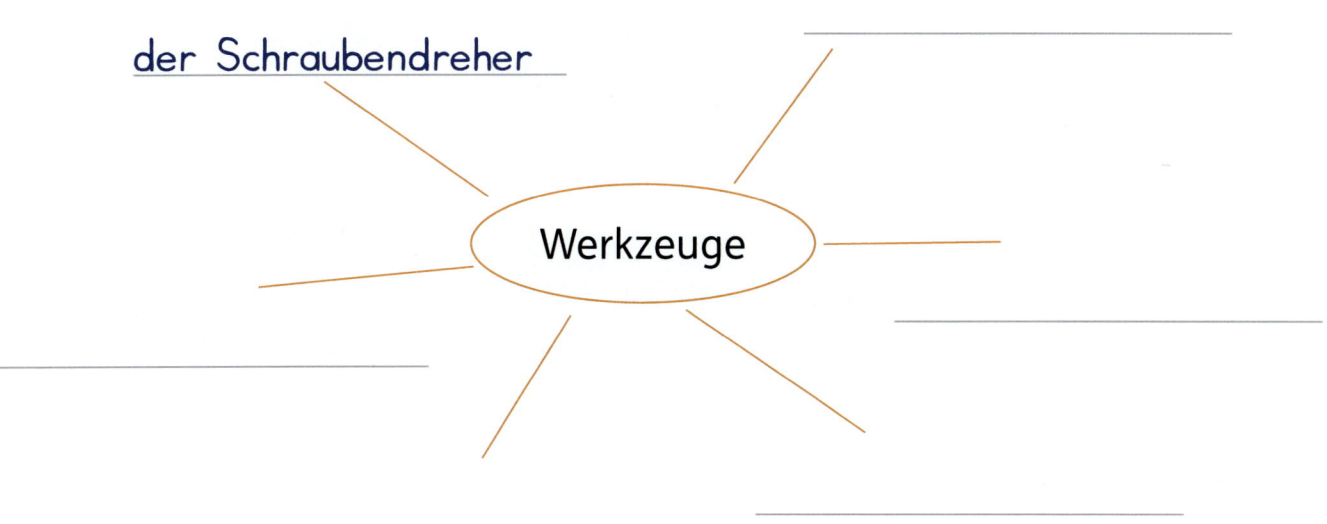

der Schraubendreher

Werkzeuge

**23** Welche Wörter können Sie gut? Haken Sie die Wörter im Glossar ab. ✓

# Bildwörterbuch zu Lektion 3 und 4

 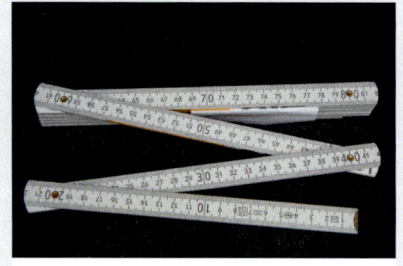 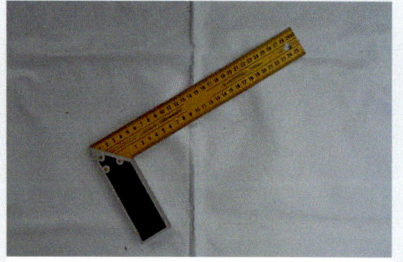

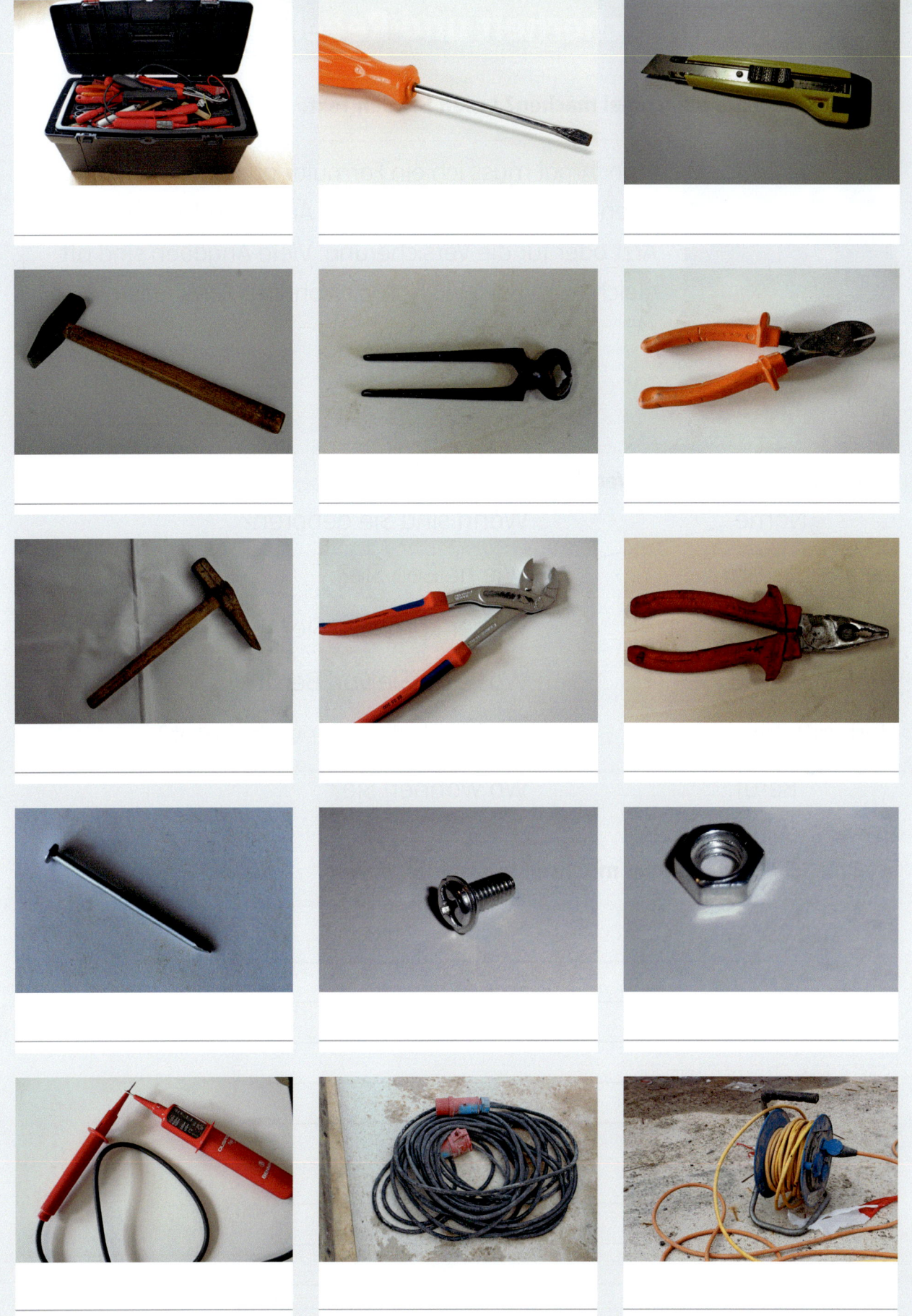

# Formalitäten, Sicherheit und Regeln

**1 Was muss Paul manchmal machen? Lesen Sie den Text.**

Manchmal muss ich ein Formular ausfüllen: Bei der Agentur für Arbeit, für meinen Arbeitsvertrag, beim Arzt oder für die Versicherung. Viele Angaben sind oft gleich, zum Beispiel: Name, Wohnort, Familienstand.

**2 Was passt zusammen? Verbinden Sie.**

| Name | Wann sind Sie geboren? |
| Geburtsdatum | Wie heißen Sie? |
| Wohnort | Woher kommen Sie? |
| Familienstand | Was sind Sie von Beruf? |
| Herkunftsland | Sind Sie ledig oder verheiratet? |
| Beruf | Wo wohnen Sie? |

**3 Füllen Sie das Formular mit Ihren Informationen aus.**

```
Name _____

Vorname _____

Wohnort _____

Straße, Hausnummer _____

Herkunftsland _____

Geburtsdatum _____

Geburtsort _____

Familienstand _____

Beruf _____
```

**4 Hasim ist krank. Er telefoniert mit Paul. Lesen Sie den Dialog.**

Paul: Hallo Hasim. Wie geht's?

Hasim: Nicht so gut. Ich bin krank. Ich habe Fieber und kann nicht arbeiten. Was muss ich jetzt machen, Paul?

Paul: Du musst dich beim Chef krankmelden.

Hasim: Wie melde ich mich krank?

Paul: Du sagst dem Chef am ersten Tag der Krankheit, dass du krank bist.

Hasim: Aha. Muss ich auch zum Arzt?

Paul: Ja, spätestens am dritten Tag. Der Arzt gibt dir die Krankmeldung, weil du nicht arbeiten kannst.

Hasim: Ist die Krankmeldung für den Arbeitgeber?

Paul: Genau. Du schickst die Krankmeldung mit der Post.

**5 Was ist richtig? Kreuzen Sie an.**

1. Hasim ☐ muss zum Chef. ☐ muss sich krankmelden.
2. Er muss den Chef ☐ am ersten Tag ☐ am dritten Tag informieren.
3. Er muss spätestens ☐ am dritten Tag ☐ am fünften Tag zum Arzt.
4. Die Krankmeldung schreibt ☐ der Arzt. ☐ der Arbeitgeber.

**6 Die Krankmeldung hat offiziell einen anderen Namen. Finden Sie ihn?**

**7** **Unfälle auf der Baustelle. Was sagt Paul dazu? Lesen Sie den Text.**

Manchmal passiert auf der Baustelle ein Unfall. Wir haben einen Erste-Hilfe-Kasten mit Verbandszeug, Desinfektionsmittel und einer Rettungsdecke. Wenn der Unfall schlimm ist, rufen wir natürlich den Notarzt.

**8** **Was ist im Erste-Hilfe-Kasten? Ordnen Sie zu.**

die Mullbinde    das Verbandstape    ~~die Schere~~    die Rettungsdecke
die Wundauflage    das Pflaster

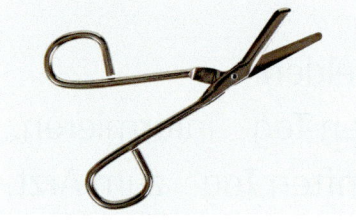

die Schere

_____

_____

_____

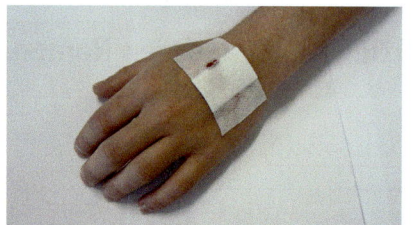

_____

_____

**9** **Wofür braucht man was? Sprechen Sie.**

eine Wunde abdecken    ein Pflaster zuschneiden
den Verband befestigen    eine Wunde verbinden    eine Blutung stoppen
eine verletzte Person vor Kälte oder Hitze schützen

Mit einem / einer … kann man …

**10  Neda, Hasim und Paul machen ein Unfalltraining. Ordnen Sie zu.**

1. Neda ruft den Rettungswagen.         Bild \_\_\_\_\_
2. Hasim bringt Paul in die stabile Seitenlage.    Bild \_\_\_\_\_
3. Sie verbinden den Kopf.             Bild \_\_\_\_\_
4. Sie legen eine Wundauflage auf den Arm auf.   Bild \_\_\_\_\_
5. Sie befestigen den Verband.         Bild \_\_\_\_\_

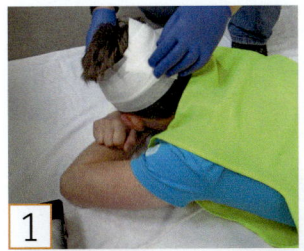
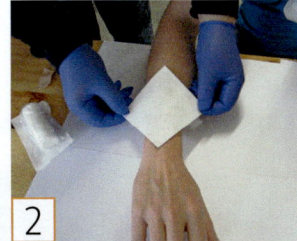

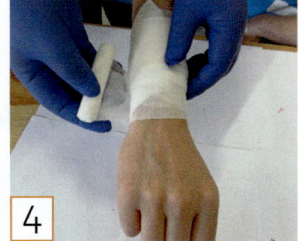
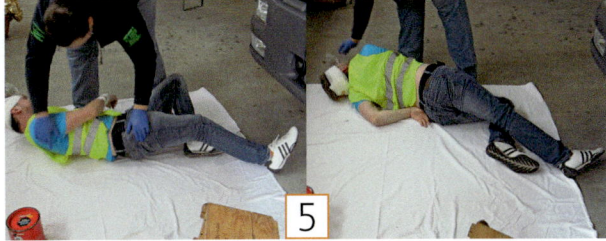

**11  Ein Anruf bei der Notrufzentrale. Welche Antworten passen? Verbinden Sie und lesen Sie den Dialog.**

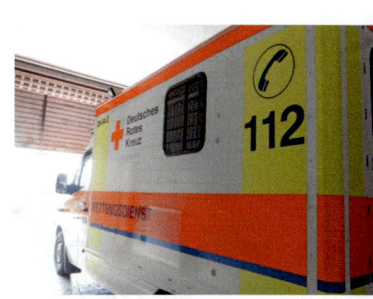

1. Wer sind Sie?

2. Was ist passiert?

3. Wo sind Sie?

4. Wie geht es der verletzten Person?

Der Kollege ist bewusstlos. Er atmet nicht normal.

Guten Tag, mein Name ist Paul Michalsky.

Ein Unfall ist passiert. Mein Kollege ist vom Baugerüst gefallen.

Die Baustelle ist in Marburg in der Schubertstraße 1.

**12  Spielen Sie weitere Dialoge.**

1. Ein Kollege hat sich das Bein gebrochen. Er hat Schmerzen.
2. Ein Kollege hat sich an einer Maschine verletzt. Er blutet.

## 13 Sicherheit auf der Baustelle. Was sagt Paul dazu?

Auf der Baustelle ist Sicherheit wichtig. Es gibt viele Regeln und Schilder. Manche Schilder geben Hinweise zur Schutzkleidung. Andere Schilder warnen vor Gefahren.

## 14 Welche Schutzkleidung muss man hier tragen? Sprechen Sie.

## 15 Was ist verboten? Was ist gefährlich? Sprechen Sie.

1    2    3    4

5    6    7    8

## 16 Welches Bild passt? Ordnen Sie zu.

1. Nicht weitergehen!        Bild _____
2. Nichts abstellen oder lagern!        Bild _____
3. Achtung, die Ladung ist schwer!        Bild _____
4. Vorsichtig gehen!        Bild _____
5. Achtung, elektrische Hochspannung!        Bild _____
6. Nicht mit dem Aufzug fahren, wenn es brennt!        Bild _____
7. Achtung, Ladung kann fallen!        Bild _____
8. Achtung, giftige Stoffe!        Bild _____

**17 Was passt zusammen? Verbinden Sie.**

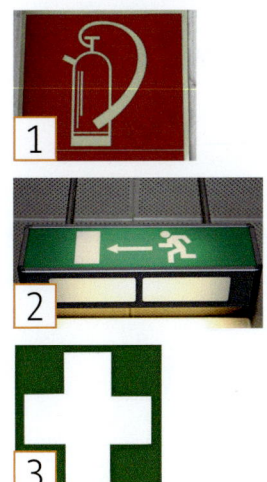

So kommt man zum Notausgang.

Hier bekommt man Erste Hilfe.

Hier findet man einen Feuerlöscher.

**18 Sehen Sie sich den Plan an. Welche Symbole erkennen Sie?**

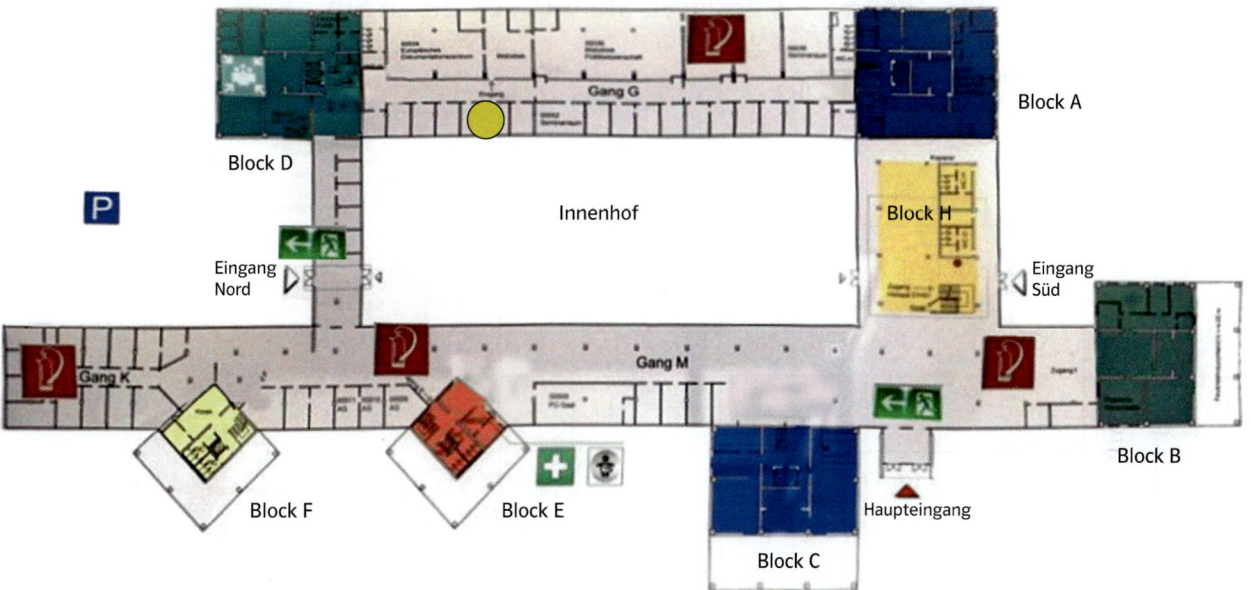

**19 Wohin gehen Sie in Notfallsituationen? Sprechen Sie.**

Sie sind hier 🟡 .

1. Ein Unfall ist passiert: Wo ist der Erste-Hilfe-Raum?
2. Es brennt: Wo sind die Feuerlöscher?
3. Sie müssen das Gebäude verlassen: Wo ist der Notausgang?

> Ich gehe nach rechts | nach links | geradeaus, dann ...

# Wiederholen Sie

**20** Wie sind die Silben? Klatschen Sie die Wörter und schreiben Sie in zwei Farben.

1. Herkunftsland      Herkunftsland _____

2. Geburtsdatum      _____

3. Familienstand      _____

4. Krankmeldung      _____

5. Arbeitsvertrag      _____

**21** Welche Wörter finden Sie? Markieren Sie und schreiben Sie.

| G | V | e | r | b | a | n | d | k | a | e |
|---|---|---|---|---|---|---|---|---|---|---|
| A | v | S | c | h | m | e | r | z | e | n |
| N | o | t | a | r | z | t | f | l | a | s |
| I | o | K | i | r | W | u | n | d | e | s |
| r | R | e | t | U | n | f | a | l | l | e |
| s | G | b | l | u | t | e | n | l | b | i |
| b | e | m | a | t | m | e | n | n | A | r |

1. _____
2. _____
3. _____
4. _____
5. _____
6. _____
7. _____

**22** Silbensalat: Schreiben Sie die Wörter richtig.

 nung span Hoch _____

 er er lösch Feu _____

aus Not gang _____

**23  Welche Wörter passen? Schreiben Sie und vergleichen Sie.**

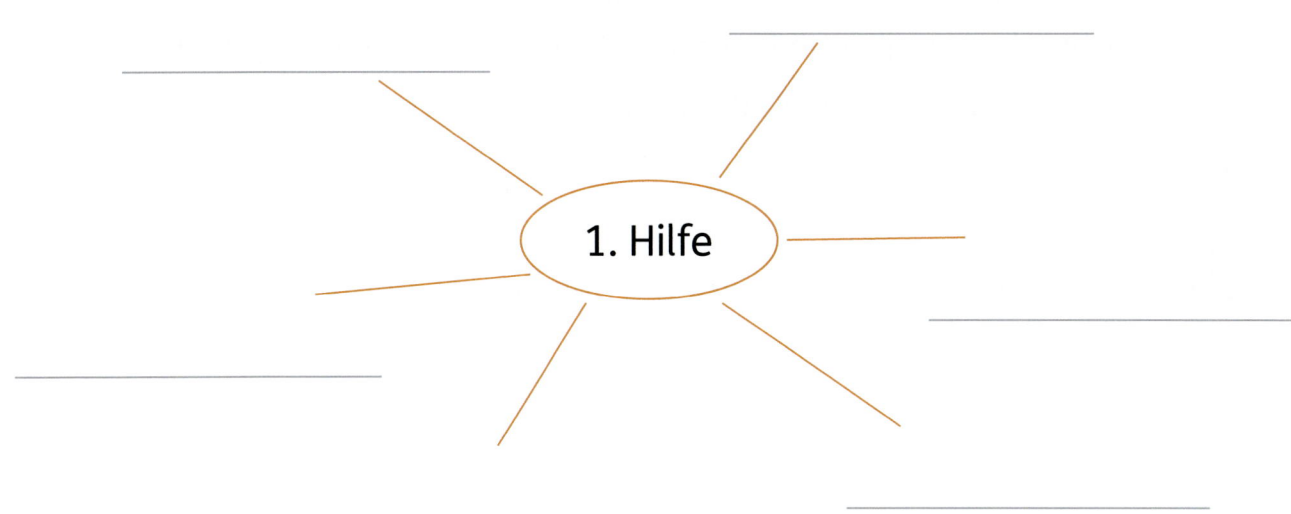

**24  Was ist das? Lesen Sie vor. Ihr Partner / Ihre Partnerin sagt das Wort.**

1.  Es ist im Erste-Hilfe-Kasten. Man klebt es auf eine Wunde.
2.  Es ist ein gelbes Papier. Man bekommt es vom Arzt.
3.  Es ist weiß. Damit macht man einen Verband.
4.  Es ist eine Tür. Hier kann man raus, wenn es brennt.
5.  Es ist rot. Es hilft bei Feuer.
6.  Es ist ein offizielles Wort für die Frage: Verheiratet oder ledig?

**25  Beschreiben Sie ein Wort aus der Lektion. Die anderen raten.**

> Es ist ...

**26  Welche Wörter können Sie gut? Haken Sie die Wörter im Glossar ab. ✓**

# Grammatik

## Wortarten

Wörter gehören zu verschiedenen Gruppen (Wortarten). Die Wörter in einer Gruppe haben gleiche Eigenschaften, zum Beispiel: Die Nomen haben einen Artikel. Hier sind die wichtigsten Wortarten:

● Verb: arbeiten, bringen, hämmern, schrauben, kehren, ...

▲ Nomen: der Nagel, die Schraube, das Gerüst, der Bauhelfer, ...

▲ Artikel: der, die, das, ein, mein, dein, ...

▲ Adjektiv: klein, groß, schwer, leicht, flach, spitz, ...

▲ Pronomen: ich, du, er, sie, wir, ...

▲ Fragewort: Wer? Was? Wann? Wie? Warum? ...

## Das Verb

Das Verb hat einen **Stamm** und eine **Endung**.

| | Stamm | Endung | | | Stamm | Endung |
|---|---|---|---|---|---|---|
| ich | misch | e | | ich | bau | e |
| du | misch | st | | du | | |
| er / sie | misch | t | | er / sie | | |
| wir | misch | en | | wir | | |
| ihr | misch | t | | ihr | | |
| sie / Sie | misch | en | | sie / Sie | | |

**1** Wie sind die Formen für *streichen, hämmern, installieren*?

**2** Suchen Sie Verben aus den Lektionen. Schreiben Sie die Formen.

## Das Verb auf Position 2

Bei Aussagen steht das Verb auf Position 2.

| 1 | 2 | 3 |
|---|---|---|
| ▲ | ● | ▲ |
| Hasim | holt | Sand. |

**1  Schreiben Sie Aussagen.**

_____ .

(Hasim – einen Schutzhelm – trägt)

_____ .

(der Fliesenleger – Fliesen – schneidet)

_____ .

(kommt – der Mörtel – auf die Steine)

Bei W-Fragen steht das Verb auch auf Position 2. Die W-Frage beginnt mit einem Fragewort: *Warum, Wann, Wo, Wie, …*

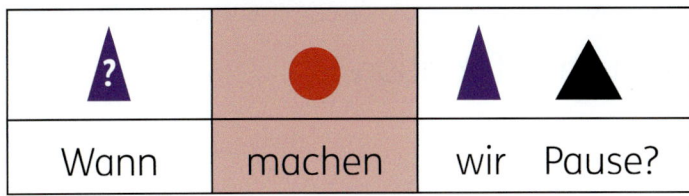

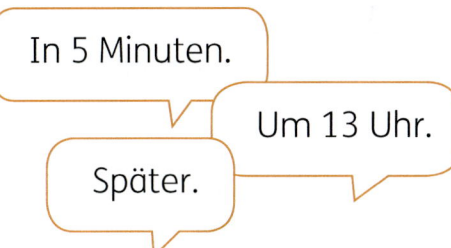

In 5 Minuten.

Um 13 Uhr.

Später.

**2  Schreiben Sie drei W-Fragen.**

_____ ?

(der Bagger – ist – wo)

_____ ?

(die Steinsäge – wie – funktioniert)

_____ ?

(der Maler – wann – kommt)

# Grammatik

## Das Verb auf Position 1

Beim Imperativ steht das Verb auf Position 1.

| 1 | 2 |
|---|---|
| ● | ▲ |
| Hol | Sand! |

holen: du holst  
~~du~~ holst

bringen: du bringst  
~~du~~ bringst

mischen: du mischst  
_____

Hol!  
Holen Sie!

_____!  
_____ Sie!

_____!  
_____ ___!

**1** **Schreiben Sie Sätze im Imperativ.**

_____!

(den Eimer füllen)

_____!

(den Rettungswagen rufen)

Bei Ja-/Nein-Fragen steht das Verb auch auf Position 1.

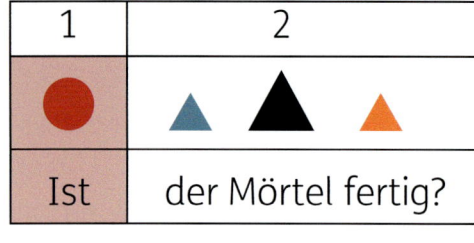

| 1 | 2 |
|---|---|
| ● | ▲ ▲ ▲ |
| Ist | der Mörtel fertig? |

Ja.

Nein.

**2** **Schreiben Sie Ja-/Nein-Fragen.**

_____?

(die Steine – richtig – sitzen)

_____?

(eine Schaufel – du – hast)

## Das Nomen: Komposita

Man kann Wörter zusammensetzen und neue Nomen bilden. Das zweite
Wort bestimmt den Artikel.

**1** Schreiben Sie die Wörter.

**2** Setzen Sie die Wörter zusammen. Wie sind die Artikel?

Bau — helfer        1. _____

— arbeiter      2. _____

— stelle        3. _____

_____   4. _____

_____   5. _____

**3** Suchen Sie noch mehr zusammengesetzte Nomen in den Lektionen.

# Glossar

## Lektion 1: Arbeitskleidung, Baufahrzeuge und Maschinen

### auf der Baustelle

der Bauarbeiter, -
das Baufahrzeug, -e
das Baugerüst, -e
der Bauhelfer, -
die Baustelle, -n
der Handwerker, -
der Rohbau, -ten
die Schubkarre, -n
der Ziegelstein, -e

### Arbeitskleidung

der Arbeitshandschuh, -e
die Arbeitshose, -n
der Arbeitsschuh, -e
der Gehörschutz (*nur Singular*)
die Schutzbrille, -n
der Schutzhelm, -e
die Staubmaske, -n
die Warnweste, -n

### Baufahrzeuge und Maschinen

der Anhänger, -
der Bagger, -
der Betonkübel, -
das Betonmischfahrzeug, -e
die Betonpumpe, -n
der Kran, ⸚e

der LKW, -

der Radlader, -

die Schaufel, -n

## Tätigkeiten

arbeiten

(Arbeitskleidung) tragen

transportieren

## Lektion 2: Tätigkeiten und Berufe

### auf der Baustelle

der Besen, -

die Bohrmaschine, -n

die Decke, -n

das Elektrokabel, -

die Fliese, -n

der Fußboden, ¨

das Holzteil, -e

die Leiter, -n

die Mauer, -n

der Sand (*nur Singular*)

der Schalter, -

die Schaufel, -n

die Steckdose, -n

die Wand, ¨e

## Berufe

der Dachdecker, -

der Elektriker, -

der Fliesenleger, -

der Gipser, -

der Maler, -

der Maurer, -

**Tätigkeiten**

aufräumen

bauen

(ein Loch / Löcher) bohren

(das Dach) decken

flexen

hämmern

installieren

(Material) holen

kehren

kleben

lackieren

messen

schaufeln

schieben

schneiden

schrauben

schweißen

spachteln

streichen

(eine Leiter) tragen

verputzen

## ektion 3: Gegenstände, Geräte und Material

### Gegenstände und Geräte

das Baugerüst, -e

der Betonmischer, -

der Eimer, -

die Glättscheibe, -n

der Handhobel, -

der Kantensteinheber, -

die Kelle, -n

die Mauer, -n

die Sackkarre, -n

der Sack, ̈e

der Spachtel, -

die Steinsäge, -n

die Wasserwaage, -n

der Winkel, -

der Zollstock, ̈e

### Material

der Beton (*nur Singular*)

das Holz (*nur Singular*)

der Mörtel (*nur Singular*)

(feucht / trocken)

der Sand (*nur Singular*)

der Zement (*nur Singular*)

der Ziegelstein, -e

**Tätigkeiten**

bringen

(den Mischer) füllen

hämmern

heben

(das Holz glatt) hobeln

holen

mischen

schneiden

transportieren

## Lektion 4: Werkzeug

**Werkzeug und anderes Zubehör**

der Akkuschrauber, -

das Cuttermesser, -

der Draht, ⸚e

der Hammer, ⸚

das Holz (*nur Singular*)

die Kabeltrommel, -n

die Mutter, -n

der Nagel, ⸚

das Rohr, -e

die Schraube, -n

der Schraubendreher, -

der Spannungsprüfer, -

die Steckdose, -n

das Stromkabel, -

der Werkzeugkasten, ⸚

die Zange, -n

## die Zange - Zangen

die Flachzange, -n

die Kneifzange, -n

die Kombizange, -n

die Rohrzange, -n

der Seitenschneider, -

die Spitzzange, -n

## der Hammer - Hämmer

der Zimmermannshammer, ⸚

der Bohrhammer, ⸚

der Maurerhammer, ⸚

der Beilhammer, ⸚

der Stemmhammer, ⸚

der Vorschlaghammer, ⸚

## Tätigkeiten

(ein Loch) bohren

(einen Nagel ins Holz) schlagen

(durch-)schneiden

(einen Nagel) ziehen

## Lektion 5: Formalitäten, Sicherheit und Regeln

## Formalitäten

die Arbeitsunfähigkeits-
    bescheinigung, -en

der Arbeitsvertrag, ⸚e

der Familienstand (*nur Singular*)

das Geburtsdatum, -daten

das Herkunftsland, ⁔er

die Krankmeldung, -en

## der Notfall

atmen

bewusstlos sein

bluten

(sich ein Bein) brechen

Schmerzen haben

der Unfall, ⁔e

verletzt sein

## die Erste Hilfe

das Desinfektionsmittel, -

der Erste-Hilfe-Kasten, ⁔

die Mullbinde, -n

der Notarzt, ⁔e

das Pflaster, -

die Rettungsdecke, -n

der Rettungswagen, -

die Schere, -n

die stabile Seitenlage (*nur Singular*)

das Verbandstape, -s

das Verbandszeug (*nur Singular*)

die Wundauflage, -n

## Tätigkeiten

(eine Wunde) abdecken

(einen Verband) befestigen

(in die … Seitenlage) bringen

sich krankmelden

(vor Hitze / Kälte) schützen

(eine Blutung) stoppen

(eine Wunde) verbinden

(ein Pflaster) zuschneiden

## Sicherheit

brennen

der Feuerlöscher, -

die Gefahr, -en

giftig

der Hinweis, -e

die Hochspannung, -en

die Ladung, -en

lagern

der Notausgang, ⁼e

die Regel, -n

das Schild, -er

die Schutzkleidung (*nur Singular*)

**Welche Wörter finden Sie wichtig? Schreiben Sie.**

# Lösungen

## Lektion 1

**1** richtig: Arbeitshosen, Arbeitshandschuhe, Schutzhelme

**2** erste Reihe: 5, 7, 3
zweite Reihe: 6, 2, 4

**4** Das ist Paul. Er ist Bauhelfer.

**6** richtig: 1, 2, 4

**7** ich arbeit**e**; er / sie arbeit**et**

**8** Ich arbeit**e** auf der Baustelle. Du arbeit**est** auf dem Gerüst. Wir arbeit**en** zusammen. Ihr arbeit**et** gut. Die Männer arbeit**en** mit Schutzhelmen.

**10** **der:** Arbeitsschuh, Arbeitshandschuh, Gehörschutz
**die:** Warnweste, Schutzbrille, Staubmaske

**11** 4 die Ziegelsteine, 1 das Baugerüst,
7 die Schubkarre, 6 die Warnweste,
2 der Schutzhelm, 5 der Bagger

**13** 2. Baustelle, 3. Baugerüst, 4. Baufahrzeug,
5. Bauhelfer

**15** das Betonmischfahrzeug, der Anhänger,
der Kran

**16** Baustelle, Baugerüst, Baufahrzeug,
Bauhelfer

**17** 1. Gehörschutz, 2. Warnweste, 3. Staubmaske, 4. Betonkübel, 5. Ziegelsteine

**18** 2. Bagger, 3. Radlader, 4. LKW, 5. Kran,
6. Anhänger, 7. Betonpumpe

**20** 1. der Bauhelfer oder der Bauarbeiter,
2. der Schutzhelm, 3. die Arbeitsschuhe,
4. der LKW, 5. der Bagger, 6. die Baustelle

## Lektion 2

**1** 3 bohren, 2 schieben, 4 schaufeln,
1 kehren, 6 tragen

**2** 2. die Schubkarre schieben, 3. Sand schau-
feln, 4. die Baustelle aufräumen, 5. mit der
Bohrmaschine ein Loch bohren, 6. eine
Leiter tragen

**4** 1. Schubkarre, 2. Ziegelstein, 3. Besen,
4. Bohrmaschine, 5. Schaufel, 6. Leiter

**5**

| der | die |
|---|---|
| Besen | Besen |

| die | die |
|---|---|
| Bohrmaschine | Bohrmaschinen |
| Schaufel | Schaufeln |
| Leiter | Leitern |

**7** richtig: 1, 4

**8** ich bohr**e** – du bohr**st** – er / sie bohr**t** – wir
bohr**en** – ihr bohr**t** – sie / Sie bohr**en**, ich
kehr**e** – du kehr**st** – er / sie kehr**t** – wir
kehr**en** – ihr kehr**t** – sie / Sie kehr**en**

**9** zum Beispiel:
Sie bohrt ein Loch. Wir kehren den Boden.
Du bohrst mit der Bohrmaschine. Ich keh-
re den Sand weg. (…)

**13** 2. der Elektriker, 4. der Fliesenleger, 1. der
Maurer, 3. der Gipser, 6. der Maler, 5. der
Dachdecker

**14** Der Maurer baut Mauern oder Wände für
den Rohbau. Der Dachdecker deckt das
Dach. Der Maler streicht und lackiert Wände, Decken und Holzteile. Der Elektriker installiert z. B. die Elektrokabel, die Schalter
und die Steckdosen. Der Gipser verputzt:
Er macht die Wände und Decken glatt. Der
Fliesenleger klebt Fliesen an Wände und
Fußböden.

**17**

| Nomen | Verben |
|---|---|
| der Fliesenleger | hämmern |
| die Bohrmaschine | holen |
| der Besen | streichen |
| der Gipser | installieren |
| die Steckdose | schweißen |
| das Kabel | bauen |

**18** 2. schrauben, 3. messen, 4. verputzen, 5. flexen, 6. kleben, 7. schaufeln

**19** Bild 2, Bild 4

**21** 1. ich schaufele – du schaufelst – er / sie schaufelt – wir schaufeln – ihr schaufelt – sie schaufeln
2. ich messe – du misst – er / sie misst – wir messen – ihr messt – sie messen
3. ich schraube – du schraubst – er / sie schraubt – wir schrauben – ihr schraubt – sie schrauben

## Bildwörterbuch zu Lektion 1 und 2

linke Seite:
    das Baugerüst, die Ziegelsteine, die Warnweste, der Schutzhelm, der Arbeitshandschuh, die Bohrmaschine, die Steckdose, die Schubkarre, die Schaufel, die Leiter, der Besen, der LKW, der Anhänger, der Bagger

rechte Seite:
    der Bauhelfer, der Maurer, der Maler, der Fliesenleger, der Dachdecker, der Elektriker, kehren, tragen, aufräumen, schneiden, hämmern, schrauben, schaufeln, flexen, messen

## Lektion 3

**3** 2-4-3-1

**6** ich hole – du holst – Paul holt – wir holen – ihr holt – Paul und Hasim holen

**7** a) Steine, b) Sand, Wasser und Zement, c) Mörtel, schnell, d) feucht

**9**

Hasim holt eine Schaufel.

Hasim nimmt einen Eimer.

Paul bringt Steine.

**10**

Hol die Schaufel!

Nimm den Eimer!

Bring Steine!

**11** Das Verb ● steht in 9 und 10 auf einem anderen Platz.
In 9 steht das Verb auf Position 2: „Hasim holt eine Schaufel."
In 10 steht das Verb auf Position 1: „Hol die Schaufel!"

**12** 2. Beeil dich. 3. Füll Sand in den Mischer. 4. Bring die Eimer zu den Maurern.

**14** 1. Damit hebt und transportiert man schwere Steine.
4. Damit transportiert man Kartons, Säcke mit Zement und schweres Material.
3. Damit schneidet man Steine.
2. Damit hobelt man: Man macht Holz glatt.

**16** 2. Was soll ich tun? – Nimm die Schaufel.
3. Ist es so richtig? – Ja.
4. Und nun? – Jetzt füllen wir Mörtel in die Eimer.

# Lösungen

5. Wo stehen die Eimer? – Die Eimer stehen dort drüben.
6. Warum arbeiten wir so schnell? – Damit der Mörtel nicht trocknet.

**17** 1. Sand, 2. Ziegelstein, 3. Mörtel, 4. Holz, 5. Zement, 6. Beton

**18** die Schaufel, die Ziegelsteine, der Mörtel, der Zollstock

**19** 1. Mauer
2. Ziegelsteine
3. Wasserwaage, Glättscheibe, Kelle
4. Sand, Wasser, Zement
5. Mörtel

## Lektion 4

**3** der Seitenschneider, das Cuttermesser, der Hammer

**4** 1. Schraubendreher, 2. Hammer, 3. Zange

**5** 3. flach, 4. spitz, 5. spitz, 6. flach, 7. spitz

**7** oben: die Kneifzange, die Spitzzange
unten: die Flachzange, die Kombizange

**9** richtig: 1, 2

**10** 2. die Rohrzange und das Rohr, 3. der Seitenschneider und das Stromkabel, 4. die Kombizange und der Draht

**11** 1. Rohrzange, 2. Kneifzange, 3. Seitenschneider, 4. Kombizange

**12** 1. Bild 3, 2. Bild 1, 3. Bild 2

**13** 1. Zimmermannshammer, 2. Maurerhammer, 3. Bohrhammer

**15** Beilhammer, Stemmhammer, Vorschlaghammer

**17** 1. Bild 4, 2. Bild 1, 3. Bild 2, 4. Bild 3

**18** der Elektriker

**19** 1. Schraube, 2. Nagel, 3. Draht, 4. Stromkabel, 5. Rohr, 6. Steckdose

**21** 2. die Flachzange, 3. die Kombizange, 4. die Rohrzange, 5. die Kneifzange;
2. der Maurerhammer, 3. der Stemmhammer, 4. der Vorschlaghammer, 5. der Beilhammer, 6. der Zimmermannshammer

## Bildwörterbuch zu Lektion 3 und 4

linke Seite:
der Sand, der Betonmischer, die Mauer
die Sackkarre, die Steinsäge, der Kantensteinheber
der Spachtel, die Kelle, das Glätteisen
die Wasserwaage, der Zollstock, der Winkel
der Draht, der Eimer, das Rohr

rechte Seite:
der Werkzeugkasten, der Schraubendreher, das Cuttermesser
der Hammer, die Kneifzange, der Seitenschneider
der Maurerhammer, die Rohrzange, die Kombizange
der Nagel, die Schraube, die Mutter
der Spannungsprüfer, das Stromkabel, die Kabeltrommel

## Lektion 5

**2** Geburtsdatum: Wann sind Sie geboren?
Wohnort: Wo wohnen Sie?
Familienstand: Sind Sie ledig oder verheiratet?
Herkunftsland: Woher kommen Sie?
Beruf: Was sind Sie von Beruf?

**5** richtig: 1. muss sich krankmelden, 2. am ersten Tag, 3. am dritten Tag, 4. der Arzt

**6** Die Krankmeldung heißt offiziell „Arbeitsunfähigkeitsbescheinigung".

**8** oben: die Mullbinde, die Wundauflage
unten: das Verbandstape, das Pflaster,
die Rettungsdecke

**9** Mit einem Pflaster kann man eine Wunde
abdecken.
Mit einer Schere kann man ein Pflaster
zuschneiden.
Mit einem Verbandstape kann man den
Verband befestigen.
Mit einer Mullbinde kann man eine Wunde verbinden.
Mit einer Wundauflage kann man eine
Blutung stoppen.
Mit einer Rettungsdecke kann man eine
verletzte Person vor Kälte oder Hitze
schützen.

**10** 1. Bild 3, 2. Bild 5, 3. Bild 1, 4. Bild 2,
5. Bild 4

**11** Was ist passiert? – Ein Unfall ist passiert.
Mein Kollege ist vom Baugerüst gefallen.
Wo sind Sie? – Die Baustelle ist in Marburg
in der Schubertstraße 1.
Wie geht es der verletzten Person? – Der
Kollege ist bewusstlos. Er atmet nicht
normal.

**14** die Warnweste, die Arbeitshandschuhe,
der Schutzhelm, der Gehörschutz,
die Staubmaske, die Schutzbrille

**15** verboten: Bild 1, 3, 5
gefährlich: Bild 2, 4, 6, 7, 8

**16** 1. Bild 5, 2. Bild 1, 3. Bild 7, 4. Bild 6,
5. Bild 4, 6. Bild 3, 7. Bild 8, 8. Bild 2

**17** Bild 1 – Hier findet man einen Feuerlöscher.
Bild 2 – So kommt man zum Notausgang.
Bild 3 – Hier bekommt man Erste Hilfe.

**20** Geburtsdatum, Familienstand,
Krankmeldung, Arbeitsvertrag

**21** 1. Verband, 2. Schmerzen, 3. Notarzt,
4. Wunde, 5. Unfall, 6. bluten, 7. atmen

**22** Hochspannung, Feuerlöscher, Notausgang

**24** 1. das Pflaster
2. die Krankmeldung
3. die Mullbinde
4. der Notausgang
5. der Feuerlöscher
6. der Familienstand

## Grammatik

### Das Verb

ich baue, du baust, er / sie baut, wir bauen,
ihr baut, sie / Sie bauen

**1** ich streiche, du streichst, er / sie streicht,
wir streichen, ihr streicht, sie / Sie streichen

ich hämmere, du hämmerst,
er / sie hämmert, wir hämmern,
ihr hämmert, sie / Sie hämmern

ich installiere, du installierst,
er / sie installiert, wir installieren,
ihr installiert, sie / Sie installieren

### Das Verb auf Position 2

**1** Hasim trägt einen Schutzhelm. Der Fliesenleger schneidet Fliesen. Der Mörtel
kommt auf die Steine.

**2** Wo ist der Bagger? Wie funktioniert die
Steinsäge? Wann kommt der Maler?

### Das Verb auf Position 1

~~du~~ bring~~st~~ → Bring! Bringen Sie!
~~du~~ misch~~st~~ → Misch! Mischen Sie!

**1** Füll / Füllen Sie den Eimer!
Ruf / Rufen Sie den Rettungswagen!

**2** Sitzen die Steine richtig? Hast du eine
Schaufel?

**Das Nomen: Komposita**

**1** 1. die Warnweste, 2. die Schutzbrille,
3. die Wasserwaage, 4. der Wohnort,
5. die Krankmeldung

**2** der Bauhelfer, der Bauarbeiter, die Baustelle, das Baugerüst, das Baufahrzeug,
der Baukran, …

**Bildquellen**

Corbis, Berlin: (Sandro di Carlo Darsa/PhotoAlto), Cover; Chiara Cerri, Kassel: **12.3**; Fotolia, New York: (Alexander Raths) **41.1**; Philipps-Universität, Marburg: (Judith Reisewitz) **45.2, 46.3**; (Maren Beneke) **4.6, 4.7, 7.2, 7.7, 9.4, 12.1, 12.2, 12.4, 13.1, 15.1, 15.6, 16.6, 18.2, 18.4, 20.3, 20.8, 20.9, 20.14, 21.18, 21.22, 21.28, 21.29, 23.3, 23.4, 25.1, 27.1, 27.4, 30.2, 30.5, 30.8, 32.1, 33.1, 33.3, 34.2, 34.5, 35.8, 35.10, 35.11, 36.4, 36.1, 38.2, 38.4, 38.6, 39.16, 39.21, 39.23, 42.2, 42.5, 42.7, 42.8, 42.9, 43.1, 43.2, 43.3, 43.4, 43.5, 43.6, 43.7, 44.3, 44.5, 44.7, 45.1, 45.3, 46.2**; (Olga Nikoliai) **4.1, 4.2, 4.3, 4.4, 5.1, 5.2, 6.1, 6.2, 6.3, 6.6, 7.6, 7.5, 8.1, 9.1, 9.2, 9.3, 9.5, 9.6, 9.7, 9.8, 12.5, 13.4, 13.7, 15.2, 20.1, 20.2, 20.3, 20.7, 20.13, 20.15, 21.16, 21.24, 22.1, 22.2, 23.1, 23.9, 27.2, 27.3, 29.1, 30.1, 30.4, 31.2, 31.5, 31.6, 31.7, 32.2, 32.4, 32.5, 33.4, 33.7, 34.4, 35.1, 35.4, 35.6, 36.2, 36.3, 38.5, 38.7, 39.20, 39.24, 39.25, 39.29, 39.30, 40.1, 42.3, 44.1, 44.2, 44.4, 44.6, 45.4**; (Ricarda Scherschel) **13.6, 15.7, 15.8, 15.9, 20.11, 21.26, 21.27, 21.30, 23.7, 23.8, 31.7, 31.9, 34.6, 34.9, 35.2, 35.5, 35.9, 38.8, 38.12, 39.22**; (Ruth Albert) **4.5, 4.8, 7.4, 7.1, 13.3, 20.5, 20.6, 20.12, 23.2, 23.5, 23.10, 23.11, 23.12, 30.3, 31.8, 32.3, 33.2, 33.6, 33.8, 34.7, 34.8, 35.3, 33.5, 38.1, 38.9, 38.10, 38.11, 38.14, 38.13, 38.15, 39.19**; (Susanne Krauß) **7.3, 30.6, 31.1, 31.4, 35.7, 39.18, 39.26, 39.27, 39.28**; Shutterstock, New York: (Picsfive) **42.6**; Thinkstock, München: (Rainer Elstermann) **6.4, 6.5, 14.1**; (Jevtic) **12.6, 21.23**; (Wavebreakmedia Ltd) **13.2**; (Cebas) **13.5, 20.10, 23.6**; (alessandroguerriero) **15.3**; (Ikonoklast_Fotografie) **15.4, 18.1**; (glowon-concept) **15.5, 18.3, 21.25**; (gkrphoto) **16.1, 21.17, 22.2, 34.3**; (simazoran) **16.2, 21.21**; (kadmy) **16.3**; (yunava1) **16.4, 21.19**; (MyrKu) **16.5, 21.20**; (phasinphoto) **22.3**; (Lex20) **22.5**; (brizmaker) **22.6**; (Riccardo_Mojana) **30.7, 39.17**; (sielemann) **31.3**; (Huntstock) **34.1**; (sestovic) **38.3**; (sanapadh) **42.4**; (29mokara) **44.8**; (icedea) **44.9, 46.1**; (Ruslan Olinchuk) **44.12**; (Ecelop) **44.14**